JN437378

너와 내가 웃을 때

너와 내가 웃을 때

초판 1쇄 인쇄 2014년 12월 20일
초판 1쇄 발행 2014년 12월 25일

지은이 최병국
펴낸이 金泰奉
펴낸곳 도서출판 띠앗
등 록 제4-414호

편 집 박창서, 김수정
마케팅 김명준
홍 보 김태일

주 소 (우143-200) 서울시 광진구 구의동 243-22
전 화 (02)454-0492(代)
팩 스 (02)454-0493
이메일 ddiat@ddiat.co.kr
홈페이지 www.ddiat.co.kr

ISBN 978-89-5854-098-4 (03810)

*책값은 표지에 표시되어 있습니다.
*잘못 만들어진 책은 구입하신 서점에서 친절하게 바꿔드립니다.

너와 내가 웃을 때

최병국 시집

도서
출판 띠앗

| 시인의 말 |

지나는 나그네

누구 한 분

맞장구 쳐주면

그것으로

행복하리라.

| 목차 |

3 직장

4 도시

5 자연

상념

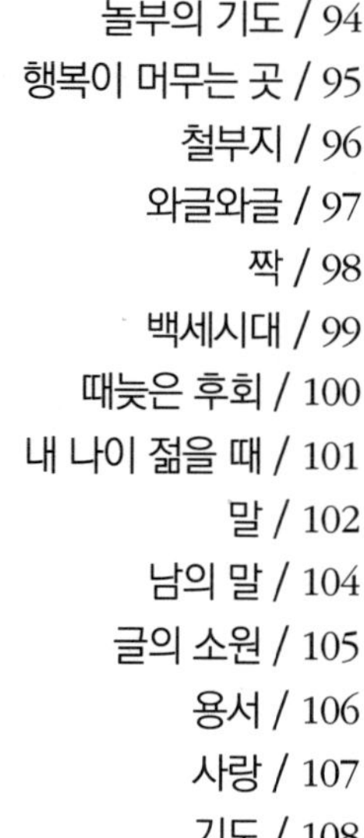

1

세태

세월이 뭘 어쨌다고

세월아 세월아 얄미운 세월아
너는 어찌 눈치가 없느냐?

왜? 나도
눈 있고 코 있고
울고 웃는 속 있다오
기쁜 시절 더디 가도
슬픈 시절 재촉해도
맞은편은 반대로
응급환자 발 굴리고
밀월여행 멈춰 있소

오직 한 몸 이놈 두고
쉬어 가자 빨리 가자
앞뒤로 잡아당겨
소매 끝이 찢긴다오
어차피 흘러갈 몸
편히 가게 버려 두오

세월이 부탁해도
막무가내 다그치니
“애라! 나도 모르겠다
심통이나 부려야지”
손님 청과 어긋나게
고운 시절 등 떠밀고
궂은 시절 소매 잡아
즐거움은 짧아지고
괴로움은 길어진다

눈치 없는 손님들
세월만 원망하네.

홀로코스트(세월호) · 1

똑똑히 보았네,
지구촌 이웃 함께
파도 속에 꽃봉오리 쏟아 붓고 모른 체
젖은 돈 말리는 세월호 선원님

피맺히는 아우성 절규하는 가족들
넘치는 노란 띠 부끄러운 나라꼴
가녀린 여인 한 분 고군분투 절치부심

대청마루 대감님들 꽁무니 급급하며
하나같이 한 목소리 "내 잘못 아니라"고
비극의 주인임을 아는지 모르는지
복지부동 세월을 보신책 삼으니
세월호 선원님이 곳곳에 숨어있네

수몰되는 아우성
응답 없는 세월만…

홀로코스트(세월호) · 2

세월 따라 배운 건
“세월이 약이더라”
철갑을 둘러 입고 동풍서풍 비키면서
연공서열 쌓느라 수양버들 처신술

의기 찬 새내기 초심으로 설치다가
난데없는 백상아리 불현듯 나타나
공은 내 꺼, 과는 네 꺼, 순식간에 먹이처리

누군가 작심하고 어렵사리 나서면
“아서라 다칠라” 노회한 선배 일침
제사는 제주(祭主) 몫, 젯밥은 우리 몫
먹이 따라 줄서기, 맡은 일은 겉치레

세월이 약이라고? 시한 없는 폭탄인데
황진(黃塵) 자욱 수족관 물갈이는 어느 세월
“제 탓이오 제 탓이오…”

홀로코스트(세월호) · 3

영가(靈歌)

~ ~ ~ ~ ~ ~ ~ ~ 철 ~ 썩
~ ~ ~ ~ ~ 철 ~ 썩
~ ~ 철 ~ 썩
바다의 울음

너는 갔어도 나는 보내지 않았으니
엄마의 붉은 가슴에서
지금도 어제처럼
너는 숨 쉬고, 자라고, 웃고 울고…
먼 먼 훗날 언젠가
엄마의 맥 멎으면
그때 함께 가자고
더는 아픔 없는
영(靈)의 나라로
나의 꽃, 나의 숨, 나의 사랑아.

탓

잘되면 내 탓이요
못되면 네 탓이요
욕먹으면 세상 탓
벌 받으면 운세 탓
큰일 나면 하늘 탓

나랏일은 임금 탓
잘돼도 나라님 못돼도 나라님
빽 하면 "물러나라, 바꿔라" 삿대질
물러나고 바꾸면 그 자리 내 자리?

탓할 사람 밀쳐내면 누굴 잡고 탓하랴
"탓" 돌이 숨바꼭질 처음부터 또다시
꼭꼭 숨은 "진짜 내 탓"
　　　　속으로 웃네.

다듬이

낭랑하게 장단 맞춰 두드리는 다듬이
이집 저집 앞 다퉈 온 동네 울리니
세상살이 흥겨움도 함께 울려 퍼진다

정든 소리 잦아진 지 이미 벌써 오랜데
어디선가 비슷한 다듬이 치는 소리
회전의자 짝지은 높은 자리 책상의
모퉁이 차지한 낯설은 다듬이

빨랫감도 없는데 궁금하여 물었다
"뭐 하는 분이시오?"
"이곳 회당 영감님들 빨래한 거 다듬소"
"무엇을 빨래하오?"
"세상을 빨래하오"
"빨래한 세상이 어찌 이리 쭈굴쭈굴하오?"
"나는 원래 빤빤하데 방망이가 문제라오"

방망이가 말하길,
“손에게 물어보오”
손에게 물었더니,
“신성한 회당이라 수위실을 거칠 때
한 마음만 통과되오, 여러 마음 안 되오
저는 원래 생겨나길 안으로 굽는 몸
제 식구 위하려니 사심 하나 챙긴다오,
양심은 맡겨놓고”

사심(私心)인지 사심(邪心)인지
갈지자 손놀림 삐뚤빼뚤 두들기니
구겨지는 세상을 누가 나서 말릴까?

외침– 정의구현 사제들의 요란을 보고

골고다 언덕에 못 박는 소리
단말마 몸부림 맨몸 사형수
제사장들 고함소리 "죽여라 죽여"

매 맞아 피투성이 가시관 쓰고
엉성히 매달린 형틀에 찢겨
붉은 피가 바닥을 물들이구나

"두고 보자 놈들아" 외칠 법한데
"저들에게 용서를…" 힘없는 소리
구경꾼들 어리둥절 고개 갸우뚱

운명의 시각에 우르릉 천둥
죽은 자 가슴속 진리의 침묵
하늘도 무너지며 가슴을 친다

진실은 말없이 제자리건만
거짓의 빈 통이 요란을 떠니
구경꾼들 지금도 고개 갸우뚱.

우리 마을 선량님들

소인은 남의 허물 살피고
군자는 남의 장점 살핀다
소인은 자기 잘남 자랑하고
군자는 자기 못남 걱정한다. 〈공자〉

우리 마을 선량님들
남의 허물 잘 찾고
남의 공적 감추고
내가 제일 잘났다
내 잘못 아니다

어리석고 속 좁은
우리 못난 민초들과
똑 닮은꼴이라
어찌 그리 딱 맞게
잘 뽑은 대표인가.

사람 따라 하는 말

장사꾼은 돈으로 말하고
농사꾼은 양식으로 말하고
나무꾼은 땔감으로 말한다

판관은 판결로 말하고
군인은 총으로 말하고
문인은 글로 말한다

세상을 다스리는 대감님들은
마주하는 손님 따라
여러 말씀 하신다
재주가 좋으시니
듣는 사람 갸우뚱.

냄비

부뚜막의 냄비가 가마솥에 말한다
주인님 귀여움은 내가 다 받는다고
　　라면을 끓이거나
　　생선을 조리거나
　　국수를 삶을 때
　　　　　전부 내가 하거든
달그락 소리 내며 자랑이 한창인데
시커먼 가마솥 대꾸 없이 묵묵부답

아드님 장가드는 혼인잔치 벌이는 날
　　냄비는 할 일 없어 살강에 엎어 놓고
　　가마솥에 쌀을 안쳐 주인님 불지핀다
　　칙칙 뿜는 김 소리, 뜸 드는 눈물 소리
　　고슬고슬 밥을 지어 귀한 손님 공양한다
큰일 마쳐 조용하니 냄비는 또 분주하다
　　가마솥을 깔보면서
　　부뚜막의 주인인 양.

윗물 아랫물

윗물이 맑아야 아랫물이 맑다고
아랫물이 말한다
윗물은 흐려도 아랫물은 맑아라
윗물이 말한다
중간물은 어정쩡 맑다가도 흐리고
흐리다가 맑으려니
종잡을 수 없구나
윗물의 분부대로
맑은 시늉 하려니
분리수거 실력 발휘
흐린 물은 밑바닥
맑은 물은 위쪽에
층을 지어 눈가림
꼭꼭 숨은 미꾸리는
발원지 웅덩이에
터를 잡고 살려네.

꼴불견

사람에겐 격이 있다
태어날 때 같았어도
　　　살면서 위아래 격이 생긴다
한길에서 담배피고 휴대폰 보고
전철에서 자리경쟁 쩍벌 앉음새 – 꼴불견 격
주변사람 배려하고 조신하면서
도와주고 양보하는 점잖은 신사 – 존경스런 격

돈을 따라 살기는 장사꾼의 길
명예 따라 살기는 대감님의 길
도를 따라 살기는 도인 스님들
정을 따라 살기는 우리 민초들

대감님 높은 자리 돈을 밝히면
나랏일 우왕좌왕 갈 길을 잃고
그 명예 대대손손 먹칠할 텐데
막무가내 모른 체 시치미 떼니
힘없는 민초들 말은 못해도
속으로 생각하오 “꼴불견이네”

2

요즈음 아이들

요즈음 아이들 · 1

"요즈음 아이들 버릇이 없어"
삼천 년 전 라틴(로마) 마을 어르신들도
이 말 하며 속삭였대
"옛말"이라고

그 말 듣고 자란 아이 할아비 되어
유전처럼 같은 말 되뇌는구나

아이들이 노인더러 하는 말 있지
"고리타분한 말을 하고 또 한다"
그 말 또한 예부터 들어오는 말
노소간 장군 멍군 매한가지네

젊은이 어른 되어 후회하면서 '그 말 들을걸'
늙은이 뒤돌아 후회하면서 '내가 주책이야'
늦게나마 깨달으면 다행일 터
못 깨닫고 나이 들면 헛사는 게지.

요즈음 아이들 · 2

금지옥엽 키우느라 집집마다 전전긍긍
보따리 움켜들고 이 학원 저 학원
집에 와도 말끝마다 공부해라 한 곡조
"숨 좀 쉬자" 하려도 울림 없는 메아리

스스로 못났어도 "너희는 잘나야지"
못다 한 조상소원 아들딸은 이루라고
천재 만재 닦달하며 별별 과외 줄을 선다
"지겨워라" 볼메어도 엄마호령 일방통행

덩치가 커지니 전세역전 "내 맘이야"
엄마 말 튕기고 아빠 말 귀 막는다
감당 못할 신세대 걱정 많은 구세대
늙은이 안달해도 젊은이 막무가내
"내 인생은 내 맘이야"

요즈음 아이들 · 3

오냐오냐 떠받드니 응석받이 Mama Child
사람 되라 다그치니 번나가는 반항아
넘쳐도 모자라도 망치는 자식농사

"보는 대로 배운다" 엄마아빠 보여주기
"네 인생 네 뜻대로" 생각을 키워주기
안달복달 물리고 숨 쉴 터 틔워주면
자연스레 꽃피고 열매 맺을 나무인데…

괜스런 잔소리
하는 조상 입 아프고 듣는 후손 귀 따갑다
태양마냥 멀리에서 햇볕을 쪼여주고
하늘마냥 높이에서 눈비를 내려주면
더위추위 견디면서 무성하게 자랄 텐데.

못 말려

엄마와 아들이 말씨름한다
"엄마 말 한 번에 좀 들어라"
"아들 말도 한 번에 좀 들어줘"
엄마, 이놈 봐라 말대꾸하네
아들, 엄마도 말대꾸잖아
화난 엄마 언성 높여 윽박지르니
겁먹은 꼬마녀석 마지못해 "예-"

하얗던 여섯 살 얼룩이 일곱
하얀 마음 까만 마음 오가는 아들
엄마아빠 속임 말 눈여겨보고
한번 따라 했더니 재미가 솔솔
서툰 수작 거듭하다 들통이 났네

하얀 마음 지키기로 다짐하지만
까만 마음 유혹도 떨칠 수 없어
아이는 어른 거울
어쩜 좋을까.

착한 일

"네가 무슨 부자라고 동냥을 주냐?
네 돈이 네 돈이냐 맘대로 쓰게"
여덟 살 아들을 혼내는 엄마

세뱃돈 모아서 배추 한 잎을
가련한 걸인에게 베풀었더니
돌아온 건 칭찬커녕 호된 꾸지람

착한 일에 쓰라 하신 할머니 말씀
돕는 일은 착한 일 선생님 말씀
여덟 살 아들은 고개 갸우뚱

아등바등 가계부 아쉬운 한 푼
발등시린 엄마를 누가 탓하랴
먼 앞길 보는 눈 키우지 못한
그 엄마의 엄마를 탓할 수밖에.

말썽쟁이 아이들

모범생 자라서 배움터 훈장
우등생 자라서 높은 집 대감
개구쟁이 자라서 일터 임금님
말괄량이 자라서 만인의 연인

착한 아이 어른 되어 유니폼 입고
말썽쟁이 어른 되어 자유복 입네

격동하는 소용돌이 변화의 시대
애물단지 장난꾼 세상에 나가
인생살이 파도타기 모험하누나
절망과 희망 사이 언덕 헤치며
동분서주 새 삶터 찾아 일구네

둥근 지구 굴려서 세상 바꾸기
모범 아닌 말썽쟁이 손안에 있네.

하의실종

너도나도 뽐내는 미끈한 롱다리
짧아지는 바지에 민망한 하의실종
더워지는 지구 탓? 원시인이 그리운가?
옷장수 원가절감 얄팍한 장삿속?
그 영문 알 수 없네
세종로 대왕께서 눈 둘 곳을 몰라 하며
꾸중인지 훈수인지 오락가락 말씀을;
"이 무슨 방정인가 해괴망측 말세로다"
"좋은 세상 왔구나 공주들이 해방했네"

헐벗은 손녀 보고 걱정 많은 할머니
사람 몸 차가우면 만병의 근원이라
볼 때마다 잔소리 따습게 입으래도
막무가내 고집쟁이 유행 따라 살겠다니
감당 못할 신세대
세상이 그런 걸
누가 나서 말릴까.

개미와 베짱이

선생님은 학생에게 개미가 돼라
학생은 베짱이가 되고 싶은데

개미는 부지런해 칭찬받지만
베짱이는 노닥이며 노래만 하니
언제나 게으르다 핀잔을 듣네
할아버지 시절엔 일꾼이 최고
요즈음은
개미의 힘든 일을 로봇이 대신하니
일손 찾는 손님이 예같지 아니하다
베짱이 노래는 누구도 대신 못해
여가 많은 손님들 꾸역꾸역 모여든다
멋쟁이 놀이꾼 늘어나는 청중 위해
여치도 귀뚜리도 반주자로 들여놨네

선생님은 교본 보며 개미타령 이어가고
학생은 창밖 보며 베짱이를 그린다.

풋사랑

마주치면 수줍고
지나치면 아쉽고
내색하면 삐칠까
건드리면 터질까
내 맘 나도 알 수 없네

오다가 돌아가고
가다가 돌아오고
안개마냥 일렁이는
네 맘 나는 알 수 없네

눈짓 하나 손짓 하나
무슨 속내 말하는지
망설임과 설렘 속에
시들기도 놓치기도

움트는 콩깍지
언제쯤 익으려나.

3

직장

무직

직업 중에 제일 힘든 직업이 무직이요
아침에 눈뜨면 그 자리 이미 출근
근무시간 끝도 없어 잠들어야 퇴근이요

마음고생 어디에도 하소연할 데 없고
밖에 나가 어디서도 반기는 데 없으니
갈 데 없어 헤매어도 혹시나 폐 끼칠까
주변 눈치 살피며 체면치레 가면 쓴다
받는 월급 무일푼에 끼니마다 아까워
동전을 헤아리며 식당마저 외면하고
하루해가 너무 길어 어딜 가도 남는 시간
비어있는 인생노트 허탈감에 목이 멘다
직장마다 사직서로 물러날 수 있건만
무직이란 직장은 사직서도 받지 않네

막다른 길목에서 들리는 소리 "마음먹기 나름이요"
무직이란 끝없는 자유의 텃밭
못다 한 내 소원 나래를 펴고
살맛나는 내 세상 일궈보라네.

기적은 있는가

하늘땅 만물이 자연 순리거늘
똑똑함을 자랑하는 얼간이 친구
운명의 요행수만 손꼽아 헨다

이웃사촌 벼락출세 기적이라며
박복한 내 운세 한탄하누나

거름 없이 맺는 열매 없는 법인데
기적 아래 피땀을 보지 못하네.

백전백승

남을 알고 나를 알면 백전백승 – 〈손자병법〉

하면,
나도 남도 반쯤 알면
오십 승은 되려나?

선생님 이르셨네, 사람들은
보고 싶은 것만 보고 "알았다" 말한다고
어지간히 안다는 말, '잘난 나, 못난 너'
얕잡아 덤비니 싸움마다 코 다쳐
어설프게 아는 게 집안망신 반풍수

반쯤보다 차라리 까막눈이 나으리라
무식하면 그래도 요행수 반타작

만만찮은 세상사 싸우면 이기는 길
자신과 싸움이라 – 〈칭기즈칸〉[1)]

1) 칭기즈칸 어록 :
집안이 나쁘다고 탓하지 마라.
나는 아홉 살에 아버지를 잃고 마을에서 쫓겨났다.
가난하다고 말하지 마라. 나는 들쥐를 잡으며 연명했다.
배운 것이 없다고 탓하지 마라. 나는 내 이름도 쓸 줄 몰랐다.
남의 말에 귀 기울이며 현명해지는 법을 배웠다.
적은 밖에 있는 것이 아니라, 내 안에 있었다.
나를 이기는 순간 나는 칭기즈칸이 되었다.

성공의 함수

시작이 반 – 〈속담〉

인내는 절반의 성공 – 〈탈무드〉

반 더하기 반은?

Well begun is half done.

Patience is a half success.

Half and half.

Would do a good one.

마추픽추

까마득히 높은 산성 마추픽추
느닷없이 덮쳐온 외세의 발굽
극한으로 치달은 인디오 땅끝
하늘과 맞닿은 최후의 보루

높이높이 쌓이는 서울 마천루
까마득히 오르는 사람 사람들
쉼 없이 닥치는 낯선 발굽들
오늘은 또 누가 세파(世波)에 맞서
마추픽추 요새를 지어 올릴까?

꼴찌면 어때

괄시받고 주눅 든 꼴찌더라도
“뒤로 돌아” 한마디 명령 내리면
한순간 바뀌어 앞자리 차지
비뚤배뚤 튀는 공 요지경 세상
앞뒤순서 재는 건 어리석은 짓

산다는 건 기나긴 마라톤 여정
완주하면 누구나 월계관 쓴다

앞서가던 친구들 하나둘 탈진
뽐내던 선두주자 오간데 없네
숨어있던 말째가 다크호스로
무소처럼 가다 보면 어느새 종점
선착 아닌 안착이 인생인 것을.

블루오션(Blue Ocean)

네 것 내 것 우리 것, 임자 있는 것
네 것 내 것 아닌 것, 임자 없는 것
네 것 내 것 애매하면 골치 아픈 것
옥신각신 시비꺼리 서로 부딪쳐
티격태격 싸움하다 율사(律士) 먹잇감

수평선 너머에 또 다른 세상
망망한 새 삶터 임자 없는 것
한 발만 뻗으면 닿으련마는

보는 눈 있으면 보이는 대박[2)]
코앞의 시비보다 신천지 향해
눈을 닦아 푸른 대양 저어갈거나.

---

2) 카네기 어록 :
길에 떨어진 돈은 주우면서 발밑의 일거리는 차버리는 사람이 많다. 행복의 열쇠는 어디나 떨어져 있다. 기웃거리고 다니기 전에 마음의 눈을 닦아라.

잘난 사람 못난 사람

잘난 나, 못난 너 －못난 사람 입방아
잘난 너, 못난 나 －더 못난 입방아
아침은 안 될 말
너나 모두 잘났다,
너나 모두 못났다 －그런 세상 아니라고

잘나고도 못난 너 －분별을 아는 사람
사람 속 천길 물속
못나고도 잘난 나 －성찰을 아는 사람
나도 나를 모르니까
잘나고도 못난 사람, 못나고도 잘난 사람
섞여 사는 세상살이, 감당 못할 요지경
남더러 구시렁구시렁 －철없는 입방아
그런다고 또 이러쿵저러쿵 －더 철없는 입방아

못난 나 두들겨 잘난 나 만드는 일
－진짜진짜 잘난 사람.

상하좌우 – 꾸중

안개 속 인간세상 두루두루 살피라고
눈도 목도 상하좌우 움직이게 했건만
일 닥치면 앞만 보고 옆길을 못 본다
남의 일 훈수 둘 땐 상하좌우 보면서

윗사람 꾸중 말씀, 옆 사람 핀잔소리
하루에도 수없이 귓전에 닿는다
상하좌우 알려주는 훈수임을 외면하고
"기분 나빠" 튕기며 휴지통에 버린다

아는 길도 물어가라, 헛말 아니고
제 머리 못 깎는다, 빈말 아닌데
꾸중 속에 대박의 씨앗이 있고
핀잔 속에 인생역전 옆길 있는데

뻣뻣한 목과 눈이 튕겨버리니
앞길이 캄캄하다 탄식만 한다.

4

도시

전철역 출근길

동녘하늘 햇살이 밝아올 무렵
개미마냥 일터 향해 붐비는 인파
나도 함께 강물처럼 쓸려 흐른다

누구는 첫 직장 벅찬 출근길
누구는 지옥 같은 고된 출근길
갖은 애환 숱한 사연 내색도 않고
검표대를 비집으며 쏟아져 간다

월급만 더 달라는 미운 용팔이
내 실력 몰라주는 미운 사장님
그래도 일터는 일궈야 하니
힘 모으러 웃으며 모여드누나

오늘 땀이 내일의 씨앗이 될 터
너나없이 부푼 꿈의 행운을 빌며
아침마다 부산하게 무리를 짓고
그침 없는 물결로 이어지누나.

전철역 퇴근길

둥지 찾아 흩어지는 새들을 맞아
어서 빨리 집에 가자 재촉하구나
토끼 같은 처자식들 기다린다며
앞차 뒤차 연달아 불러 모은다

삼삼오오 친구끼리 선후배끼리
단합대회 일이차로 뒤처진 손님
늦더라도 걱정 말라 기다려주네

하루의 보람을 뿌듯해하며
다정하게 서로를 아끼라 하고
쌓인 피로 맺힌 오해 풀어버리고
내일 새날 준비하라 일러주는 듯

늦도록 등 밝혀 자리 지키며
행여나 길 잃은 식구 있는지
걱정스레 이리저리 살펴보구나.

전철 노약자석

어르신들 위한다고 마련한 자리
장애인도 임부도 함께 쓰는데
비었어도 젊은이는 앉지 않는다

어쩌다 젊은 아낙 앉아있으면
노인께서 비키라 호통 치는데
굼뜨게 일어서니 예비엄마네
아이구나 미안해 앉으라 해도
부끄러워 슬그머니 자리 피한다

나이 듦이 자랑인지 넓게 잡으며
제 보따리 사람보다 귀하다는 듯
막무가내 두 자리 차지하기도

중늙은이 노인대접 겸연쩍다며
일부러 멀찌감치 피해간 사이
약삭빠른 겉늙은이 냉큼 앉누나

빈자리 아까운 할머니께서
공짜손님 위한다고 비어두느니
돈 내고 탄 손님 앉아도 될 터
손자 같은 학생에게 앉으라지만
끝끝내 손사래 서서 버티네

전철 살림 적자라니 양심에 걸려
반이라도 내고 타면 마음 편할 터
염치없는 노인네들 미안하지만
어른다운 예의라도 지켜줬으면.

완두콩 할머니

전철 길목 완두콩 파는 할머니
수레 끌고 전철을 탄다
때마침 가련한 외발 걸인이
승객들에게 오백 원을 애걸하기에
꼬깃꼬깃 천 원 한 장 꺼내어 선뜻 건넨다
옆자리 짠순이 또래 할머니
이를 보고 안쓰러운 듯 한마디 한다
"노인네 콩 팔아 얼마 남는다고…"

"하루벌이 삼만 원은 되오
힘든 사람이 힘든 사정 안다고 나라도 도와야지
나이 팔십에 살 날 얼마 안 남았으니
아까울 것도 없다오"
두어 정거장 지나 처진 몸을 일으켜
수레 끌고 내린다
옆자리 번듯한 또래 할머니
그제야 못난 처신 깨달았는지
"그러게 세상 뜨면 매한가진걸…."

서울의 밤거리

높은 빌딩 하나둘 등이 꺼지면
길가의 네온사인 불을 밝히며
서울의 밤거리가 기지개 켠다

맺힌 피로 씻어내려 명소를 찾아
한낮의 겉옷을 벗어버리고
허심탄회 속내를 들어내누나

역사는 밤사이 이뤄진다고
애틋한 위로 격려 주고받으며
끈끈한 정으로 서로를 엮네

밤 환락 밝히는 놀이꾼들은
격을 떠난 일탈을 즐기려다가
사냥꾼의 먹이로 전락하기도

날 밝으면 별별 눈치 살펴야 할 터
어두움을 가면 삼아 나래를 펴고
못다 한 넋두리를 헤쳐내누나.

명동성당 – 질곡의 파수꾼

백년세월 무게 속에 우뚝 선 성당
형장으로 끌려가던 천주장이들
길을 찾아 헤매던 무지렁이들
울부짖는 청을 듣고 찾은 양인들
피바람 몰아치던 혹한의 시절
불모지에 터전을 마련하려고
목숨 던져 이역만리 건너왔었네

순교자의 피에 젖은 흙을 빚어서
벽돌 구워 회를 물린 순교자 무덤
이 땅의 현대사 고난의 계절
때로는 약자들의 버팀목 되고
때로는 연인들의 로맨스 되고
때로는 새 가정의 출발점 되네

질곡을 마다않고 자리 지키니
동서양 남녀노소 한마음으로
오늘도 국태민안 평천하 빌러
줄지어 묵묵히 찾아드누나.

휴전선

생사를 가르던 총성이 멎고
적막 속에 잠든 지 어언 육십 년
망가졌던 벌판에 모진 잡초들
뭉개졌던 언덕에 억센 넝쿨들
이름은 비무장 실은 지뢰밭
오가는 짐승도 숨이 멎었네
오천 년 역사 속에 이런 고요가
넘나들던 삶의 물결 갈라놓으니
끊어진 핏줄은 말라버리고
떨어진 살점이 목메 불러도
대답 없이 허공만 메아리친다

풍요의 금수강산 흔적 없는데
버려진 산하가 주인 찾아도
철새만 하염없이 날아 지나네
슬픔도 아픔도 바래버리고
통한만 뼛속에 응어리진다
탓해도 가없는 역사의 운명
어쩌면 대물림의 고리 끊을까?

임진각 위령탑

이역만리 미얀마 아웅산에서
얼빠진 망나니의 불장난으로
덧없이 이승을 떠나신 임들

이름 세자 생년월일 돋을새김이
쓰다듬는 손끝에 살아있는데
화려한 학업에 찬란한 이력
어찌 이리 꿈마저 펴지 못하고
기척 없이 한줌의 재가 되셨나

할 말을 땅속에 묻어둔 채로
탑신을 북녘 향해 치켜세워서
맺힌 한을 바람에 실어 보낸다

나들이 온 가족들은 둘러보면서
빛바랜 역사인 양 지나쳐 가도
혼령들은 오랜 세월 자리 지키며
못다 한 유언을 일러주는 듯
'용서는 하더라도 잊지 말라'고.

서울의 자연인

신사들이 산다는 서울 와보니
곳곳마다 보이는 너절한 길손
후줄근히 차려입고 어딜 가는지
벙거지며 신발이며 두툼한 등짐
깡통소리 덜컹덜컹 거지꼴이네

돈 많은 서울이라 알았었는데
널려있는 동냥아치 깜짝 놀랐네
알고 보니 나들이 행락객이래
오늘 하루 신사 아닌 해방인 되어
제복도 계급장도 던져버리고
흙 묻히고 뒹굴려고 거지꼴 했대

남녀노소 가족끼리 친구들끼리
더러는 고즈넉이 홀로 자유인
고뇌 벗고 벌거숭이 원시시대로
천년만년 산천같이 또래가 되어
천진난만 자연 함께 어우리 하네.

노점상 아저씨

넝마로 둘러쳐 겨우 비 가림
여름겨울 삼십 년 버텨온 노점
며느리 나이 들어 시어미 되고
갓난아기 자라서 시집 장가 간
동네 집안 미주 알 꿰는 아저씨

장삿술도 풍설로 다져온 고수
사람 보는 눈썰미도 대단한 고수
겉모습에 감춰진 속내를 본다
부자행세 귀부인 실은 빚더미
엄살떠는 살림꾼 실은 알부자
둘러대는 얼렁뚱땅 통하지 않네

아낙네들 가려운 곳 쏙쏙 긁으니
밧줄 같은 단골도 쏠쏠찮다오
정년도 명퇴도 걱정 않으니
보기보다 실속이 대단하다오
체면만 벗으면 이만한 자리
어느 집 회장보다 못지않다오.

김치

시큼새콤 아삭아삭 입안 한가득
생명을 깨우는 싱그러운 맛
어디서도 경험 못한 오묘한 미감
실험실도 없었던 그 옛날부터
미생물 일 시켜 만들 줄이야

가을걷이 뒤따라 김장 품앗이
이웃끼리 돌아가며 잔치하였네
음달양달 골라서 옹기를 묻고
문전옥답 귀퉁이 움막을 지어
겨우살이 먹을거리 간수하였네

지구촌 좁아져 한 이웃 되니
너도나도 맛보며 감탄하누나
지구가족 모두의 보물 되었네.

비빔밥

육지에서 바다에서 모두 모였네
색깔도 제각각 맛도 제각각
빨강 파랑 노랑 하양
맵고 달고 시고 쓰고
한 사발 수북이 먹을거리 교향곡
입맛 따라 넣고 빼고 갖가지 다른 맛
투박한 바가지면 한층 더 제격일 터

우리네 사는 것도 알고 보면 비빔밥
식구끼리 이웃끼리 고운 정 미운 정
서로를 비벼대며 한 우리로 살아간다

세상살이 고비마다 오르막 내리막
매운 맛도 쓴 맛도 오솔길의 개울목
풍성한 비빔밥의 소중한 양념인걸.

담배를 어찌 할꼬

곳곳에 붙은 '금연'
설 자리 없는 담배
별별 수모 겪으며 별별 핑계 대면서
죄인 인양 구석 찾아 한 모금 휴-
저려오는 정수리 몽롱한 혼백
머릿속 태엽이 느슨해진다
짜릿한 맛 못 잊어 '또 다음에-'
'또 다음' 이놈이 문제의 요물
'다음'이 어디 있냐? 쫓아버려라
그리고는 '끝이다' 소금 뿌려라
그래도 들이밀면 물을 먹여라
힘 안 들고 되는 일 세상에 없다
몇몇 고비 넘으면 드디어 만세
냄새 안 나 좋을시고
짐을 덜어 좋을시고
몸 좋아져 좋을시고
돈 안 들어 좋을시고
이보다 더 좋은 일 또 있으랴
못 끊는 후배보고 "어매 좋은걸".

돈타령

돈–돈– 돈다고 돈이라 했나
사람 따라 별별 사정 스쳐 지나며
요지경 인간세상 구경한다오

세상사람 내게 할 말 많다 하지만
실은 나도 할 말이 없지 않다오
구구절절 온갖 사연 다는 못해도
쌓인 속말 몇 마디 타령하리다

빈털터리 날더러 원수라면서
욕을 하니 어찌 감히 다가가리까
벼락부자 막 대접은 참기 어려워
며칠도 못 견디고 줄행랑이요
못된 일을 시키는 얼간이에겐
재앙으로 돌아와 앙갚음하오

서당 개 삼 년에 풍월 읊듯이
어깨 너머 보고 듣는 눈귀 있다오

너그럽고 부지런한 주인이 좋고
옹졸하고 게으른 주인 싫다오

천한 대접 헛된 일 하라 하시면
슬그머니 뒷문으로 꽁무니 사려
착한 집 문 앞으로 옮겨가지요

귀한 대접 보람된 일 시켜 주시면
주인님께 충성 바쳐 의리 지키고
친구들을 불러 모아 데려오지요.

누가 절주가를 지을까

술- 술- 무슨 술
술술 넘어간다고 이름 하여 술이라오
잔칫집엔 주인자리 풍류객엔 귀한 손님
농사꾼엔 작업반장 장사꾼엔 영업상무
살기 힘든 민초에겐 시름 씻는 약주라오

귀한 대접 칭찬 자자 우쭐대다 탈선하네
음주운전 음주폭력 죄 짓고 핑곗거리
그놈 술이 원수라며 술에게 벌주라네
금주 푯말 붙이고 세금 벌금 물려도
막무가내 주정뱅이 그칠 줄 모르구나

판매금지 하려도 술장수 목숨줄
허물없는 애주가는 세상살이 무슨 재미
권주 금주 어느 길도 갈 수 없는 낭떠러지
이쪽저쪽 한가운데 절주는 어떠실지

어느 신선 귀양 나와 후세들의 잔 받으며
이태백의 권주가를 절주가로 바꾸실까.

신문

라디오도 드물던 지난 시절엔
신문 한 장 광고까지 외우듯 읽고
고이 접어 모셨다가 붓글 연습지
흙벽의 도배지 고급 화장지

신문배달 퍽 소리 아침을 열고
세상을 내다보는 하나뿐인 창
지식인들 자랑삼아 끼고 다녔지
요즈음은 전자시대 실시간 방송
밤사이 신문 아닌 구문이 된다
그래도 폭넓은 정보를 담아
활자 찍어 다시없는 사초(史草)가 되네

"호외요" 외치던 특종 기사들
텔레비전 인터넷이 즉석 전하니
어느덧 지난날의 전설 되었네
머지않아 새벽신문 배달 소리도
언젠가 전설 될까 걱정되누나.

한솥밥 자랑

자식자랑 남편자랑 여자들 메뉴
축구얘기 군대얘기 남자들 메뉴

군복 입는 순간에 탈이 바뀌어
인간허물 벗어놓고 딴 세상으로
속세를 뒤로하고 오로지 충성
어디가도 사람 아닌 특별한 대접
머리 헬 때 사람 따로 군인 따로네

금지옥엽 떠받들어 응석받인데
눈물로 훈련소에 입소했건만
훈련 마쳐 휴가오니 사나이 됐네

입소 후 영희 소식 감감하기에
알고 보니 고무신 거꾸로 했네
내 처지 온 처녀 연인 후보로

고된 훈련 시달리며 어느새 2년

환속하며 안녕인사 서운했었네
대한남아 하나 된 징표를 받고

모임마다 꽃피우는 즐거운 추억
자랑스런 무용담 열을 올리니
한솥밥 한식구 한마음이네.

입원실

살면서 못갈 곳 세 곳이라오
경찰서, 세무서, 병원 입원실

잔병치레 잦은 진료 약골들 단골
건강비결 골몰하다 자가 박사님
의원문턱 들락날락 골골 구십 세

건강자랑 의사보기 코웃음 치다
때 놓쳐 갑작스레 병원 입원실
후회해도 닥친 운 돌릴 수 없고
천국행 티켓이 오가는 판에
집안안팎 수라장 건잡지 못해
세상사 어찌할까 눈앞이 캄캄

오가는 가족 얼굴 수심이 가득
살면서 이런 낭패 전엔 몰랐네

자식 불러 유언장 건네주면서

눈물 삼켜 피붙이들 생이별 잔치
생명 건 위험부담 각서 바치고
기약 없는 수술실에 운명 맡긴다

우여곡절 사선 넘어 병원 나서면
덤으로 받은 인생 고마워하며
마음 비워 한층 더 해탈하기도.

스마트폰

너나 모두 손에 들고 눈을 쏟는다
어떤 이는 춤추는 엄지손가락
어떤 이는 상하좌우 튀는 손가락

휴대전화 컴퓨터 한 몸 된 요물
별별 재주부리는 마술 노리개
이놈 없인 사람구실 구석기시대

심심할 때 놀아주는 재주꾼 친구
바쁠 때 도와주는 날랜 도우미
세상소식 궁금하면 즉석 알림이
의문 날 때 물으면 대답도 척척

사람 따라 그 기능 제각각이라
윗사람 '갑' 기능 날개가 되고
아랫사람 '을' 기능 족쇄가 된다

누구에겐 명령하달 재빠른 비서

누구에겐 일감 받는 주문접수처
누구에겐 비상소집 미운 초인종

구속받기 귀찮은 자연인들은
이놈 없는 원시시대 마다않으며
유유자적 옛 시절 고집하기도.

리모컨

앉은 자리 버튼 눌러 텔레비전 조종
손끝으로 켜고 끄고 채널 바꾸기
줄 없이도 이것저것 마음대로네

어디서나 리모컨은 힘센 자 차지
거실에선 손자들 서로 다투고
안방에선 마나님 손안에 있네

주파수 따라 맞춰 응답하는 놈
사람 만든 기계는 말도 잘 들어
어쩌다 고장 나면 할아비 차지
에이에스 기사 불러 새것 바꾼다

사람도 서로서로 리모컨 놀이
식구끼리 이웃끼리 함께 살면서
희로애락 텔레파시 주고받는다
자연산 리모컨은 고장 잦지만
에이에스 맡길 곳 마땅치 않아
고치기도 바꾸기도 애물단지네.

생존

먹거나 먹히거나,
잡히지 않으려면 잡아야 하는
나 죽지 않으려면 남 죽여야 하는
밀림의 법칙(Zero-sum)
혼자서는 못 사는,
네가 살아야 내가 사는
네가 잘 돼야 내가 잘 되는
도시의 법칙(Win-win)

우리 마을 언제쯤 도시가 되려나?
여의도 오리가족.

이발 – 잘린 머리카락

신체 터럭 살갗은 부모한테 받았으니
소중히 여김이 효도의 시작이라 –〈공자/효경〉

단(斷)발도 변(辮)발도 아니 될 말씀
조상께서 목숨 바쳐 지키려던 털
마구 잘려 바닥에 널브러지네

애고! 이를 어쩌나 조상님 신체
저승에서 "고얀 놈" 야단치실라
"잘린 머리 잘 모셔라" 부탁하려도
이발사님 눈치 없이 뭉개버린다

버려진 머리 보며 애련한 마음
희로애락 함께했던 삶의 한 토막
안타깝게 과거로 잘려 나갔네

막무가내 고집쟁이 무정한 시간
언젠가는 터럭 아닌 밑동마저도
다짜고짜 내놔라 조를 터인데.

불귀 – 숙모와 영결(永訣)하며

사랑 준 식구들의 웃음 속에 왔다가
사랑 받은 사람들의 울음 속에 가누나

꽃가마 타고 왔다
꽃상여 타고 가네

한번쯤 뒤돌아볼 만도 한데
한번쯤 붙잡아볼 만도 한데

지나는 철새인가
흐르는 구름인가
스치는 바람인가

봄여름 가을겉이 다 마치고
훠이 훠이
떠나는 낙엽이어라.

5

자연

돌하르방 · 1

그저, — 바라만 보고 있소 —
무슨 일이 일어도 상관 않으며

하지만 속으로 끓고 있다오
뭍에서 물에서 갯가에서도
어처구니없는 일 저지레 보면
참견하랴 엉덩이 들썩거려도
부질없는 짓이란 걸 보아 왔으니

이 몸도 한때는 불덩이였소
하지만 이제는 돌부처요
차갑게 식어버린 구멍투성이
궂은 일 고운 일 채근해 본들
파도치고 바람 불어 흔적이 지면
언제나 제자리 도로아미 불
가슴앓이 아무리 끓인다 해도
부질없는 짓이란 걸 겪어 왔으니.

돌하르방 · 2

입이 있어도 말하지 않소
발이 있어도 다니지 않소

눈비 내리는 궂은 날에도
온 사방 구멍 숭숭 바람을 타고
세상 곳곳 소식이 들어온다오

슬픈 일 기쁜 일 소란하지만
축하도 위로도 부질없는 일
어느새 뒤바뀔지 누가 알겠소
하나같이 덤덤하게 받아준다오

이제는 차갑게 식은 숯덩이
하지만 마지막 한 가지 소명
언제나 이웃 곁에 함께 있는 일
폭우와 설한에도 친구들에게
"숨 쉬고 있어 줘서 고맙습니다."

도봉산에 올라

가쁜 숨을 고르며 산정에 서면
눈앞에 펼쳐지는 도시의 군상
높고 낮은 사각의 회색 아파트
자갈마냥 끝없이 널려져 있네

자욱한 안개 아래 수많은 민생
우왕좌왕 더듬으며 길을 찾지만
행운도 불운도 종이 한 장 차
이리 갈까 저리 갈까 머뭇거리네

선악도 진위도 엉켜 있으니
어느 길이 바른지 분별 못하고
귀천도 빈부도 유별하지만
어느 누가 행복한지 알 수가 없네

눈앞의 인간사에 매달려 감은
아이 눈에 비치는 들녘 무지개
한세월 지나면 흔적 없음을

사람들은 어찌 알지 못하는 걸까

머리 위에 하늘은 맑고 맑은데
하얀 구름 유유히 동녘 향한다
넓은 삶터 있음을 가리키면서
가슴 펴고 모두 함께 같이 가자네.

도봉산

억년의 나이를 수줍어하며
찾아오는 손님을 반가워하네
하늘을 밀치고 솟은 바위는
구름과 벗하자고 손짓하는 듯

짧은 인생 갈팡질팡 초조해하며
하루하루 찌든 삶에 지친 영혼을
말없이 다독거려 품어주면서
나보란 듯 걱정 말라 타일러 주네.

놓쳐 버린 사과

가쁜 숨을 헐떡이며 산정 오르면
활짝 트인 동서남북 마음도 시원
반질반질 고운 사과 두 쪽 갈라서
쩍 한 입 쪼개 물면 코끝에 향기
아삭아삭 새콤달콤 싱그러운 맛
가슴까지 저려오는 해갈의 환희

이런 낙 즐기려고 사과 챙겨서
마님 함께 도봉산 등정하였네
꿀맛을 상상하며 배낭을 열고
고운 놈 꺼내어 쓱쓱 닦았네
두 쪽을 가르려고 힘주는 순간
아차! 이런! 미끄러져 그만 놓쳤네

때그르르 절벽으로 저 멀리 낙하
허망한 마음과 허전한 두 손
하늘도 산 나무도 깔깔거린다
다람쥐 밥이라도 되어 주려나
입맛만 다시며 허허 웃었네.

가을

꽃다운 시절엔 가을이 즐거웠지
햇곡 거둬 알콩달콩 한가위 떡 해 먹고
큰 누이 시집가랴 온 동네 잔치하며
알록달록 단풍잎 고운 색깔 예뻐했네

젊음이 지난 후론 가을이 슬퍼졌네
결실 없이 보낸 시절 허망하여 서글프고
추수하되 궁한 살림 겨우살이 걱정하며
고운 단풍 예뻐할 겨를도 없었다네

오랜 세월 풍상을 겪고 살면서
거친 껍질 덩어리의 둥치가 되니
즐거움도 슬픔도 내 몫 아니네

꽃피고 열매 맺음, 새 가지 차지
애환의 계절은 지난날 추억
슬픔도 살았음의 환희가 되네.

가을비

무더웠던 여름 끝을 다독거리며
찬비가 주룩주룩 땅을 적신다
목 타는 가뭄에 시든 식구들
어느 제 오시려나 기다렸어도
소식 감감 애태워 얄밉던 임이
어쩌다 불청객이 되어 오시나

가을 햇살 한 가닥 아쉬운 농부
알곡도 고추도 과일나무도
끝물을 익히느라 초조하건만
애타는 심정을 모른 체하네

부질없는 세월의 회한(悔恨)이런가
쓸쓸한 빗소리 가락에 젖어
알지 못할 시름이 가슴 저민다
무심히 내리는 하얀 빗줄이
오가는 계절을 갈라 세우려니
멀어지는 여름을 아쉬워하며
젖은 잎이 바람에 몸부림치네.

코스모스

외갓집 가는 길은 코스모스 길
가녀린 목을 길게 치켜세우고
봄여름 다가도록 임을 못 만나
뒤늦게 꽃을 피워 해설피 웃네

하늘을 닮으려다 색깔을 몰라
색동무늬 무지개 옷 차려입었나

하늘하늘 나부끼는 애련한 모습
훌쩍 가는 가을 따라 흔적 없음은
그 이름 코스모스 우주나라로
고향 찾아 먼 길을 떠나시나봐
인간세상 이야기보따리 메고

하늘나라 외할머니 기다리실라.

단풍

온 산을 태우듯 물들인 단풍
반짝이던 신록이 엊그제인데
어느덧 한 계절 훌쩍 지나며
색동옷 차려입고 이별 알리네

노을 닮은 작별의 상차림인가
아픔 달랜 눈물의 빛깔이런가
희로애락 비바람 얼룩이런가

헤어짐도 슬픔 아닌 축복이라며
끝맺음의 아쉬움을 아랑곳 않고
온 세상 위로하듯 잔치하누나.

하늘

태어나며 선물 받은 머리 위 하늘
끝없이 펼쳐진 넓은 캔버스
너나없이 한아름 가득 안았네

마음을 물감 삼아 그림 그리면
형형색색 무엇이든 나래를 펴고
소원대로 이루리라 토닥이누나

언제나 아버지의 해맑은 얼굴
무심해도 인간세상 꿰뚫어 보고
쳐다보는 식구들의 속을 아는 듯

슬플 때는 흐린 색, 기쁠 땐 화색
놀랄 때는 노란색, 화날 땐 재색
떠나는 길손에겐 아쉬운 기색

누군가 근심으로 괴로워할 제
넓은 세상 끝없음을 보여주면서
걱정할 게 없다고 보듬어 주네.

모기 한 마리

앵- 하고 날아드는 모기 한 마리
심심해도 결코 아니 반가운 손님
어젯밤 손자 녀석 연한 살갗을
낭자하게 찔러댄 원수일수도

국제조약 위반하는 생화학무기
찾아들고 공격태세 발사준비 끝
웽- 하며 레이더에 걸려든 순간
쉬- 발사 아이쿠 비켜 맞았네
실패를 자책하며 다시 원위치
달아나는 적병 향해 정확히 명중
힘을 잃고 빙그르 땅으로 낙하

승리의 환호도 잠시 한순간
미안한 마음은 어쩐 일일까
한세상 살러 나온 여린 미물을
인정 없이 저세상 보내버렸네
너와 나 함께 못할 얄궂은 운명
타고난 악연을 원망할 밖에.

나비의 슬픔

세상에 태어날 제 깨알보다 작던 놈이
옷 갈이 여러 차례 무럭무럭 어른 되어
스산한 바람 맞아 실 뽑아 고치 짓고
엄동설한 추위에 어렵사리 살아남아
따사한 봄날에 날개 펴고 나왔네
이제야 보란 듯 활개 칠 세상이라
고운 모습 자랑하며 오래오래 살렸더니
무심한 하늘께서 “내일 곧 떠나거라”

대대손손 내려온 조상님 유언말씀
“나비는 죽어서 날개를 남긴다”
나비 혼 떠나면서
날개는 이승에 몸통은 저승으로
한평생 조용히 착하게 살았으니
저세상 천사자리 따 놓은 당상일 터
하느님께 아뢰었네 “천사직을 주소서”
하느님 대답했네 “날개가 있어야지”
두고 온 날개를 어찌 가져올 거나
이미 벌써 영물들이 표본함에 꽂았으니.

6

상념

놀부의 기도

흥부를 매질하여 쫓아낸 놀부가
서낭당 신령님께 합장기도 올리네
"금년 가을 더 많은 곡식을 주십사"

마을 둘째 자린고비, 이웃 영감님
이를 보고 혀를 찬다 "쯧쯧" 하면서
칠성당에 치성 올려 기도드리네
"부귀영화 무병장수 복을 주소서"
남이 하면 웃으면서
나도 내심 따라한다

군자는 도(道)를 걱정, 소인은 가난 걱정 – 〈공자〉
하늘의 의(義) 지키면 의식(衣食)은 덤이니라 – 〈성경〉

본분을 저버리고 덤부터 달라 하니
어느 가게 주인이 그 주문 들어줄까.

행복이 머무는 곳

플라톤이 말했네, 행복의 조건
① 먹고살되 좀 부족한 재산
② 낯설지 않을 만큼 못난 용모
③ 아는 사람 절반이 안 알아주는 명예
④ 듣는 사람 절반이 박수 안 치는 언변
⑤ 셋 중 한 사람 이길 만한 체력

모자람이 타고난 모습이기에
그대로 행복하다 성현 말씀
우리네 보통사람 코웃음 치네
채워질 리 만무한 욕심주머니
아침저녁 부풀려 매만지면서

뚱보 다이어트 안달하면서도
심보 다이어트 안중에 없으니.

철부지

하늘나라는 어린이와 같은
　　사람들의 것이니라 –<성경>
살아생전 끝까지 철없이 삶은
어린이 같은 사람 요건이렸다
철들면 어른 되니 천국행 낙방
기어이 철부지로 이승을 마감
어린이 징표 갖고 저승 앞 도착

천국 문 열어 달라 떼를 쓰려네.

The Kingdom of Heaven is of the childish(bible).
To be childish, one have to be immature lifelong.
If one would be mature, growing up to be an adult,
May lose the ticket to Heaven.0
So, one should better remain immature child until the end of life,
Standing at front of Next World,

Shall shout: Open the Door of Heaven for me.

와글와글

산은 산이요 물은 물이로다 -〈성철 큰스님〉

중생(衆生) : 웬 싱거운 말씀을

행자(行者) : 아니죠, 마음먹기 달렸죠

나한(羅漢) : 평생 외길

일체유심(唯心) 하셔 놓고

한평생 헛소리

혹세무민 쌓은 죄, 수미(須彌)산 같은지고

-〈열반 앞 큰스님〉

와글와글 떠들어도 하늘땅은 하늘땅

헛소리 꾀지 말고

사는 대로 사시게나 -〈나옹선사〉[3)]

---

3) 나옹선사 :
청산은 나를 보고 말없이 살라 하고
창공은 나를 보고 티 없이 살라 하네
사랑도 벗어놓고 미움도 벗어놓고
노여움도 벗어놓고 아쉬움도 벗어놓고
물같이 바람같이 살다가 가라 하네.

짝

콩깍지 쓰였을 땐 “당신뿐이야”
콩깍지 벗겨지면 “내가 미쳤나”

백년가약 맺을 땐 “당신이 최고”
백년가약 맺고 나면 “나만 바라봐”

남자는 여자를 귀찮게 하고
여자는 남자를 박박 긁으니
왜 늙었냐 물으면 “너 때문이야”

달콤한 허니문 고작 삼 개월
티격태격 사랑싸움 삼 년 지나면
각박한 살림살이 푸념도 시들
나이 들고 주름지면 서로 가련해

궂은일도 고운일도 맞닥뜨리면
불현듯 눈앞에 “여보”의 얼굴
어느새 나의 마음 가운데 차지
이승저승 갈려서도 “당신”이라오.

백세시대

인생칠십 고래희(古來稀) 조상님 시대
인생칠십 귀천희(歸天稀) 우리네 시대

싹트고 꽃피는 전반 오십 년
거두고 나누는 후반 오십 년

늙은이 뒷방차지 옛이야기
쌓인 경륜 봉사하는 인생이모작
덤으로 주어진 또 다른 청춘

준비 없이 닥쳤다 푸념하느니
남은 이삭 추슬러 일구다 보면
보잘것없어도 베푸는 황혼

꽃보다 아름다운 할배할매들
주머니 나누고 가뿐한 마음
미소 가득 주름에 행복이 핀다.

때늦은 후회

남존여비 옛날엔 남자만 대접
박대 받는 여인네 한이 맺혔네
남녀평등 법으로 못을 박아도
집안안팎 암암리 홀대가 여전

아이들 키우랴 살림 챙기랴
집안귀신 밥쟁이 한평생 봉사
오랜 세월 바닥자리 견디어 오다
해방되고 싶은 터에 영감님 은퇴

단물 빠진 껍데기 성가신 식구
의지할 곳 오로지 안방마나님
바깥양반 짐스럽다 썰렁한 대우
여존남비 바뀐 세상 이제 알겠네

여편네 지난 구박 되돌려 받고
어디서도 푸대접 오갈 데 없어
막무가내 유아독존 옛 생각하며
젊었을 때 잘할걸 속앓이하네.

내 나이 젊을 때

내 나이 젊을 때
거리에서 오가는 행인 스치면
전철에서 이런저런 손님을 보면
그에게서 나의 모습 헤아려 보고
  나도 저럴 텐데, 멍청이 보면
  나도 저럴 텐데, 늙은이 보면

소리 없는 시간바퀴 구르고 굴러
멀고멀던 훗날이 어느새 발밑
  어르신 대접으로 길을 터주면
  어르신 대접으로 자리 내주면
  고마운 마음보다 씁쓸한 마음

감추려도 못 말리는 미운 나잇살
누가 봐도 뚜렷한 잿빛 계급장
그 속은 여전히 꿈 많은 소년
타고 싶은 불씨가 남아 있는데.

말

"발 없는 말이 천 리 간다"는 속담
옛말이에요,
한동안 말 등을 타고 다녔죠
얼마 전엔 비행기를 타고 다니다
요즈음은 번개를 타고 다녀요

"침묵이 금이라"며 괄시받는 몸
마구 쏟아 내놓고 고약하다니
곱게 꾸며 귀하게 내어 주시면
손님들 볼 때마다 "고놈 예쁜 놈"

중구난방 오가는 말씨름 속에
얽히고설키는 폭언 망언 등
점잖은 양반님 흙탕물 튈까
입 다물고 물러서서 그저 헛기침

얼빠진 얼간이 종알거리며
덜 익은 헛말을 함부로 뱉고

"아니면 말고" 하며 도망가기도
그럼 나는 낙동강 오리알 신세
낳은 자식 버리는 고얀 어른들
나라님, 이런 사람 벌 좀 주세요
그 집 아이 부랑자로 돌아다니다
애먼 사람 다치는 일 부지기수요

나를 두고 고약하다 말이 많지만
실은 나도 본래는 착한 놈이요
　　천 냥 빚도 갚아주고
　　추운 마음 녹여주고
　　고래 춤도 추게 하오
주인님 부탁하오
　　양반 집 자식으로 키워주세요
　　"말" 자식 한 마디 잘 키우시면
　　열 자식 못지않게 효도할게요.

남의 말

너와 나-좋은 말만 하는 사이
　　　　　쥐도 새도 모르는 우리끼리 비밀통문
그 그녀-막말해도 되는 사이
　　　　　보이지 않는 데선 임금님도 욕하는데

알콩달콩 노닥이다 헤어지면 참새부리
못 참는 나발통문 임금님 귀 당나귀 귀
꼬리를 덧붙이고 동네방네 얼키설키
강아지 기침소리 안방마님 중병 되고
머슴아 흥얼거림 주인영감 대박 된다

아니라고 다그치면 "내가 언제" 시치미
　　　　　"아니면 말고" 하며 꼬리를 자르려도
　　　　　　잘라지지 않는 꼬리 낭패스런 불감당

온 동네 휘저으며 사람 잡는 "— 카드라"
말하기 좋다 하고 마구 하는 남의 말
그 꼬리 돌아와 내 목을 조르누나.

글의 소원

시집 속 글들이 수근거리다
긴 글은 싫어요
　이 바쁜 세상에 누가 보겠소
어려운 글도 싫어요
　복잡한 세상이라 머리 아프오

저 앞에 손님이 기다리는데
못다 한 숙제가 남아 있는데
어제도 골 아픈 일 씨름했는데
오늘도 골 아픈 일 마주칠 텐데
　글마저 골 아프면 누가 보겠소
요란한 치장은 제발 말아요

읽는 이의 형편도 조금 헤아려
　최소한 예의는 갖춰 주세요
　이리저리 굴리면 숨이 막혀요
　요즈음은 세상사람 모두 바쁘오
　곧바로 솔직하게 말해 주세요
이 몸도 시원하게 숨 쉬고 싶소.

용서

이웃은 함께 살며 숨 쉬는 삶터
그 속에 희로애락 범벅 이룬다

때로는 상부상조 한 뜻이 되고
때로는 경쟁하다 부딪치기도
친구도 원수도 따로 없다고

고운 일도 궂은일도 닥치기 마련
동행하다 엇갈리면 상처를 주고
오랜 사귐 자국을 피할 수 없네
원한과 앙갚음은 재앙의 사자
아물면 돈독함이 더해지는 법

용서라는 한마디 매듭을 풀면
묵었던 응어리가 녹아내리고
굳었던 얼굴에 웃음꽃 핀다.

사랑

하와가 건네준 선악과를 받아들고
아담은 고민했네
　나는 진정 하와를 사랑하는가?
　그렇다면 하늘의 진노를 사더라도
　낙원에서 쫓겨나더라도
　하와의 사랑을 택하리라
사랑이 클수록 고통은 크고
사랑이 영원할수록 고통도 영원한 것
그렇게 **고통의 세상**이 시작되었네
　　후세의 끝없는 원망 속에
하면,
아담의 선택은 어리석은 것이었나?
사랑이 없으면 신선인들 무슨 재미
　　　　낙원인들 무슨 소용
사랑과 함께라면 가시밭도 꽃길임을
　　　　고해(苦海)도 낙원임을
　　　　아담은 알았던 게지
그렇게 **사랑의 세상**이 시작된 것을.

기도

당신 앞에 있습니다
보이지도 들리지도 만져지지도 않는 당신 앞에

아무것도 말씀드리지 않습니다
말해도 들으시지 않기 때문입니다
아니! 이미 다 알고 계시기 때문입니다
아무것도 청하지 않습니다
청해도 주시지 않기 때문입니다
아니! 이미 다 주셨기 때문입니다

겉옷 벗고 무상무념 고요 속에서
당신과 자리를 함께합니다
마음을 함께합니다, 그리고
보입니다 들립니다 만져집니다
당신이 일러주는 길이…
따스한 열기와 함께

좁고 험해도 그 길 끝에
당신과 나, 우리의 보금자리가 있다고.

■ 해설 — 朝國 최병국 시인의 시세계

삶 속에 담긴 해학과 위트의 모자이크

시인, 문학평론가
한국문협 평생교육원 교수 이 경

두보시(杜甫詩)를 좋아하는 시인!

최병국 시인은 부산대 법대와 서울대학교 경영대학원을 졸업하고, 국내외 기업체 근무 및 세무사로서 회계사무소를 경영했으며, 은퇴 후 영미 시 및 프랑스 시 125수를 번역하고, 두보 시 300수 및 이백 시 60수를 우리 전통음률에 실어 번역한(출판 중) 다재다능한 시인이다. 무엇보다도 두보의 영향을 받아 삶 속의 크고 작은 문제까지 꿰뚫어 보는 힘, 즉 통찰의 힘은 해학과 위트로 모자이크를 그리듯 독자에게 다양한 웃음을 안겨준다.

참고로, 두보를 간단히 소개하면, 두보는 중국 당(唐)나라 시인으로 14세 때 시단(詩壇)에 들었으며 11세 연상인 이백(李白)과 교제했다. 40세

이후에는 궁핍하게 살면서 전란시대의 어두운 사회상을 반영하고 사회악에 대한 풍자가 풍부하다. 만년의 작품은 깊은 애수를 띠고 있으며, 시의 전통적 형식을 중시하면서, 풍류를 노래한 이백과 달리 삶의 현실을 노래했다. 그리하여 이백이 시선(詩仙)이라 불리는 데 반하여 두보는 시성(詩聖)으로 불리면서 중국 역사상 최고의 시인 자리에 올라 있다.

두보를 소개한 것은 최 시인이 두보 시의 영향을 받아 삶 속의 크고 작은 사회상 또는 시대적 감각을 유머와 위트로 엮음으로써 시 읽기의 기쁨을 안겨주기 때문이다.

1. 세월호에 일어났던 아픔을 잊지 말자

똑똑히 보았네,
지구촌 이웃 함께
파도 속에 꽃봉오리 쏟아 붓고 모른 체
젖은 돈 말리는 세월호 선원님

피맺히는 아우성 절규하는 가족들
넘치는 노란 띠 부끄러운 나라꼴
가녀린 여인 한 분 고군분투 절치부심

대청마루 대감님들 꽁무니 급급하며
하나같이 한 목소리 “내 잘못 아니라”고
비극의 주인임을 아는지 모르는지
복지부동 세월을 보신책 삼으니
세월호 선원님이 곳곳에 숨어있네

수몰되는 아우성
응답 없는 세월만…

– 〈홀로코스트 1〉 전문

이 시에서는 젊은 학생들의 생사에는 관심 없고 젖은 돈 말리는 이기적 어른을 질타하고 있다. 생명의 존엄과 귀중함을 외면하고 돈이 전부라는 사람들의 태도에 최 시인은 울분하고 있다.

“대청마루”란 높은 자리에 앉아있는 사람을 비유하고 있으며, “꽁무니 급급”은 자신의 잘못은 인정하지 않고 피해 가려는 사람들의 그릇된 양심을 상징적으로 보여주고 있다. 결국 자신의 잘못을 사죄하지 않는 빗나간 양심만 이 땅에 판치고 있음으로써 많은 꽃다운 생명들을 잃은 것에 대해 안타까워하고 있다.

영가(靈歌)
~ ~ ~ ~ ~ ~ ~ ~ 철 ~ 썩
~ ~ ~ ~ ~ 철 ~ 썩
~ ~ 철 ~ 썩
바다의 울음

너는 갔어도 나는 보내지 않았으니
엄마의 붉은 가슴에서
지금도 어제처럼
너는 숨 쉬고, 자라고, 웃고 울고…
– 〈호로코스트 3〉 전문

이 시는 아픔이 노래되어 무엇으로 말해야 할지를 모르는 심정을 언어로 축약하고 있다.

바다는 말이 없고 오직 철~썩 철~썩 울음 섞인 눈물의 바다다. 또 부모의 가슴에 묻어둔 사랑, 자식은 갔어도 부모는 보내지 않았고, 지금도 숨 쉬고 자라고 웃고 울고 있는 가슴속 자식을 시적으로 잘 형상화하고 있다.

2. 시대적 인간 심리

잘되면 내 탓이요
못되면 네 탓이요

욕먹으면 세상 탓
벌 받으면 운세 탓
큰일 나면 하늘 탓

나랏일은 임금 탓
잘돼도 나라님 못돼도 나라님
빽 하면 "물러나라, 바꿔라" 삿대질
물러나고 바꾸면 그 자리 내 자리?

탓할 사람 밀쳐내면 누굴 잡고 탓하랴
"탓" 돌이 숨바꼭질 처음부터 또 다시
꼭꼭 숨은 "진짜 내 탓" 속으로 웃네.

– 〈탓〉 전문

탓은 명사로서 일이 그릇된 원인을 말한다. 요즈음 세상은 잘되면 내 탓이요 못되면 네 탓이란 말이 판치는 세상이다. 이 탓을 가지고 최 시인은 세상을 풍자하고 있다. 정치, 경제, 문화 곳곳에 자리 잡고 있는 탓의 풍토를 사실적으로 풍자하며 꼬집고 있다.

탓의 이유를 본인들은 잘 알면서도 겉으로는 숨기고 있다. 인간의 양심은 자신 스스로 잘 알기 때문이다. 최 시인의 시는 관념적 언어로 쉽게 독자의 감흥을 이끌어내는 힘이 있다.

장사꾼은 돈으로 말하고
농사꾼은 양식으로 말하고
나무꾼은 땔감으로 말한다

판관은 판결로 말하고
군인은 총으로 말하고
문인은 글로 말한다

세상을 다스리는 대감님들은
마주하는 손님 따라
여러 말씀 하신다
재주가 좋으시니
듣는 사람 갸우뚱

—〈사람 따라 하는 말〉 전문

이 시는 현대에 맞는 말이다. 현대는 정보화시대, 전문화시대다. 한 방면에 아는 것이 많으면 그 방면의 전문인이라고 한다. 전문가들이 언어로 할 수 있는 말을 관념적으로 잘 나타내고 있다.

3. 교훈적 훈계와 진실

부뚜막의 냄비가 가마솥에 말한다
주인님 귀여움은 내가 다 받는다고
　　라면을 끓이거나

생선을 조리거나
국수를 삶을 때
전부 내가 하거든
달그락 소리 내며 자랑이 한창인데
시커먼 가마솥 대꾸 없이 묵묵부답

아드님 장가드는 혼인잔치 벌이는 날
냄비는 할 일 없어 살강에 엎어 놓고
가마솥에 쌀을 안쳐 주인님 불지핀다
칙칙 뿜는 김 소리, 뜸 드는 눈물 소리
고슬고슬 밥을 지어 귀한 손님 공양한다
큰일 마쳐 조용하니 냄비는 또 분주하다
가마솥을 깔보면서
부뚜막의 주인인 양

– 〈냄비〉 전문

이 시는 사물의 의인화를 통한 유머로서, 재미있는 대화체 형식을 갖추어 시인이 함께 참여하는 시극(詩劇)이다.

경박한 주인공 냄비가 점잖은 가마솥과 대화하면서 자신의 맡은 일을 자랑하고 뽐내는 시대 상황을 보여준다. 재치 있는 감성이 돋보인다.

착한 일에 쓰라 하신 할머니 말씀
돕는 일은 착한 일 선생님 말씀

여덟 살 아들은 고개 갸우뚱
바둥바둥 가계부 아쉬운 한 푼
발등시린 엄마를 누가 탓하랴
먼 앞길 보는 눈 키우지 못한
그 엄마의 엄마를 탓할 수밖에

– 〈착한 일〉 후문

착한 일에 쓰라 하신 할머니 말씀/ 돕는 일은 착한 일이라는 선생님/ 말씀 듣고 동냥을 준 어린이/ 네가 무슨 부자라고 혼내는 엄마/ 여덟 살 아들은 혼란스러워 고개 갸우뚱// 이 시대에 흔히 있는 아이러니를 시적으로 풍자하고 있다.

모범생 자라서 배움터 훈장
우등생 자라서 높은 집 대감
개구쟁이 자라서 일터 임금님
말괄량이 자라서 만인의 연인

착한 아이 어른 되어 유니폼 입고
말썽쟁이 어른 되어 자유복 입네

격동하는 소용돌이 변화의 시대
애물단지 장난꾼 세상에 나가
인생살이 파도타기 모험하누나
절망과 희망 사이 언덕 헤치며

동분서주 새 삶터 찾아 일구네
둥근 지구 굴려서 세상 바꾸기
모범 아닌 말썽쟁이 손안에 있네

– 〈말썽쟁이 아이들〉 전문

이 시는 모범생, 우등생, 개구쟁이, 말괄량이가 자라서 미래에 어떤 사람으로 어떻게 살아갈 수 있을까를 인생 존재론적 관점에서 형상화하고 있다. 즉 잘 자라면 이 땅의 희망 싹이 되고 잘 못 자라면 절망과 희망 사이 언덕을 오르내리는 어려움이 있지만, 결국 둥근 지구 안에 사는 이치는 오묘한 것이어서, 나름대로 살아갈 수 있다는 인생론적 삶을 잘 형상화하고 있다.

헐벗은 손녀 보고 걱정 많은 할머니
사람 몸 차가우면 만병의 근원이라
볼 때마다 잔소리 따습게 입으래도
막무가내 고집쟁이 유행 따라 살겠다니
감당 못할 신세대
세상이 그런 걸
누가 나서 말릴까

– 〈하의실종〉 후문

이 시는 시대적 해학이 담겨진 아이러니다. 유행과 멋을 모르는 할머니는 전통적 가치에만 초점을 맞춰 염려함으로써 구시대적 뒤안길에 머물러 있다. 찢어진 청바지를 기워놓는 시어머니도 있듯이, 미끈한 다리를 내놓으려는 손녀의 바지를 할머니는 춥다고 병날 것을 걱정한다. 구시대와 신시대의 가치관 혼란에 대한 시대적 아이러니를 잘 표현하고 있다.

4. 개미의 삶이 인간에게 주는 의미

개미는 부지런해 칭찬받지만
베짱이는 노닥이며 노래만 하니
언제나 게으르다 핀잔을 듣네
할아버지 시절엔 일꾼이 최고
요즈음은 개미의 힘든 일을 로봇이 대신하니
– 〈개미와 베짱이〉 부분

이 시는 개미와 베짱이 동화를 빌려 이 시대 삶의 의미를 일깨워준다. 예부터 개미는 뜨거운 태양 아래 열심히 일하는 공동체 곤충이다. 그래서 인간의 눈에 비친 부지런함을 의인화적으로 바라본다. 부지런히 일하는 사람으로 비유하여 어린이에게 울림을 주었던 것이다. 반대로 베짱이는 서늘한 나무 그늘에 앉아 노래를 부르며 인간의 미움을 자아내고 있는 게으른 곤충으로 비유되어 왔다.

이 시 속에, 개미는 부지런해 칭찬받지만/ 베짱이는 노닥이며 노래만 하니/ 언제나 게으르다 핀잔을 듣네/ 할아버지 시절엔 일꾼이 최고/ 개미의 힘든 일을 로봇이 대신하니/

최 시인의 인식은 동화적 이야기 속에 남아, 새로운 시대가 다가옴에 따라 변화되는 현실의 삶을 재미있게 비유적으로 잘 나타내고 있다.

5. 풋사랑의 비유

눈짓 하나 손짓 하나
무슨 속내 말하는지
망설임과 설렘 속에
시들기도 놓치기도

움트는 콩깍지
언제쯤 익으려나

– 〈풋사랑〉 후문

시인의 풋사랑을 콩깍지로 비유하고 있다/ 눈짓 손짓 하나/ 의태어로, 망설임과 설렘 속에 움트는 사랑의 미소// 멋진 언어의 가락이다. 시들기 전에 놓치지 않고 다가서는 시인의 울렁이는 풋사랑은 빨간 사과 맛이다.

6. 희망의 출근길과 비극의 무직

직업 중에 제일 힘든 직업이 무직이요
아침에 눈뜨면 그 자리 이미 출근
근무시간 끝도 없어 잠들어야 퇴근이요

마음고생 어디에도 하소연할 데 없고
밖에 나가 어디서도 반기는 데 없으니
갈 데 없어 헤매어도 혹시나 폐 끼칠까
주변 눈치 살피며 체면치레 가면 쓴다
받는 월급 무일푼에 끼니마다 아까워
동전을 헤아리며 식당마저 외면하고
하루해가 너무 길어 어딜 가도 남는 시간
비어있는 인생노트 허탈감에 목이 멘다
직장마다 사직서로 물러날 수 있건만
무직이란 직장은 사직서도 받지 않네

막다른 길목에서 들리는 소리 "마음먹기 나름이요"
무직이란 끝없는 자유의 텃밭

못다 한 내 소원 나래를 펴고
살맛나는 내 세상 일궈보라네

– 〈무직〉 전문

인간은 태어나서 어른이 되면 의식주를 위해 일해야 하는 운명이다. 특히 현대를 살아가면서 남보다 더 잘 살고 부를 쌓기 위해서는 튼튼한 직업이 있어야 한다.

인간은 끝없는 발전을 향하여 한계를 모르고 살아간다. 최 시인의 무직에 대한 시는 이 시대의 아픔이요, 직업이 없으면 인간으로 살 수 없음을 잘 나타내어 독자의 감성을 이끌어내고 있다.

직업 중에 제일 힘든 직업이 무직이요/ 아침에 눈뜨면 그 자리 이미 출근/ 근무시간 끝도 없어 잠들어야 퇴근이요// 제일 힘든 직업은 무직인데 마음은 예전처럼 출근하고 있다. 근무시간을 두고, 잠으로 출근하고 퇴근하는 고달픈 심정을 역설적으로 진술한다.

하소연도, 반기는 사람도, 폐 끼칠까 주변 눈치 살피며 전전긍긍하는 무직의 실상을 적나라하게 실토하고 있다.

무직자는 "비어있는 인생노트"라는 허탈감으로 목이 메지만 거기서 끝나버리지 않고 반전으로, 마음먹고 못다 한 내 소원 나래를 펴고 살맛 나는 내 세상 일궈가라는 투철한 정신세계가 이 작품의 뛰어난 부분이며 시적 반전으로 독자들의 마음을 긍정의 힘으로 이끈다.

월급만 더 달라는 미운 용팔이
내 실력 몰라주는 미운 사장님
그래도 일터는 일궈야 하니
힘 모으러 웃으며 모여드누나

오늘 땀이 내일의 씨앗이 될 터
너나없이 부푼 꿈의 행운을 빌며
아침마다 부산하게 무리를 짓고
그침 없는 물결로 이어지누나

– 〈전철 출근길〉 후문

앞서 소개한 시(무직)와 달리, 반전으로 직장 가진 사람들의 삶을 희망으로 바꿔 삶의 의미를 되새긴다.

오늘의 땀이 내일의 씨앗 되고, 부푼 꿈 행운을 빌며 아침마다 부산하게 큰 물결로 이어지는 희망의 세계, 신바람 나는 출근길을 잘 표현한 작품이다.

전철 길목 완두콩 파는 할머니

수레 끌고 전철을 탄다
때마침 가련한 외발 걸인이
승객들에게 오백 원을 애걸하기에
꼬깃꼬깃 천 원 한 장 꺼내어 선뜻 건넨다
옆자리 짠순이 또래 할머니
이를 보고 안쓰러운 듯 한마디 한다
"노인네 콩 팔아 얼마 남는다고…"

"하루벌이 삼만 원은 되오
힘든 사람이 힘든 사정 안다고 내라도 도와야지
나이 팔십에 살 날 얼마 안 남았으니
아까울 것도 없다오"

두어 정거장 지나 처진 몸을 일으켜 수레 끌고 내린다
옆자리 번듯한 또래 할머니
그제야 못난 처신 깨달았는지
"그러게 세상 뜨면 매한가진걸….”

－〈완두콩 할머니〉 전문

이 시는 세 할머니의 이야기를 통해서 현대적 사회상을 시인의 눈으로 바라본 세계다. 단순한 이야기 같지만 경제적 빈부의 차이가 심해진 지금의 사회에서 마음의 빈부는 또 다름을 보여주고 있다.

시 속의 짠순이 할머니와 번듯한 할머니는 돈이

있어도 자선하지 않은 반면, 가난한 완두콩 할머니는 선뜻 희사하는 넉넉한 마음을 보여주고 있어, 부자들의 가난한 마음을 풍자하고 있다.

공짜손님 위한다고 비어두느니
돈 내고 탄 손님 앉아도 될 터
손자 같은 학생에게 앉으라지만
끝끝내 손사래 서서 버티네

전철 살림 적자라니 양심에 걸려
반이라도 내고 타면 마음 편할 터
염치없는 노인네들 미안하지만
어른다운 예의라도 지켜줬으면

– 〈전철 노약자석〉 후문

이 시는 전철을 애용하는 시인에게 비친 삶의 현장이다. 비어둔 좌석에 젊은이도 앉았으면 좋을 텐데 돈 내고 서서 가는 젊은이들의 안타까움을 보여 준다.

그런데 어쩌다 앉은 임산부를 호통치며 일어나라고 하는 예의 없는 노인을 보면서 애처로운 마음이 드는 시인의 감성이 아름답다. 최 시인은 크고 작은 삶의 현장에서 일어나는 일을 해학적으로 또는 역설로 바라본다.

7. 현대는 백세시대

인생칠십 고래희(古來稀) 조상님 시대
인생칠십 귀천희(歸天稀) 우리네 시대

싹트고 꽃피는 전반 오십 년
거두고 나누는 후반 오십 년

늙은이 뒷방차지 옛이야기
쌓인 경륜 봉사하는 인생이모작
덤으로 주어진 또 다른 청춘

준비 없이 닥쳤다 푸념하느니
남은 이삭 추슬러 일구다 보면
보잘것없어도 베푸는 황혼

꽃보다 아름다운 할배할매들
주머니 나누고 가뿐한 마음
미소 가득 주름에 행복이 핀다

– 〈백세시대〉 전문

지금의 시대를 백세시대라 한다.

살아감에 있어서 전반 오십 년을 싹트고 꽃피는, 후반 오십 년을 거두고 나누는 시기로 뛰어난 비교를 했으며/ 늙은이 뒷방차지는 옛 이야기/ 쌓인 경륜 봉사하는 인생 이모작/으로 뛰어난 비유를 했다.

덤으로 주어진 또 다른 청춘으로 백세를 사는 동안 끊임없이 희망을 가지라는 메시지를 안겨 준다. 설사 평탄치 않더라도 꿈을 갖고 희망적으로 살아간다면 어려운 삶도 행복이 된다는 시인의 존재론적 가치관의 시 세계다.

육지에서 바다에서 모두 모였네/ 색깔도 제각각 맛도 제각각/ 빨강 파랑 노랑 하양/ 맵고 달고 시고 쓰고/ 한 사발 수북이 먹을거리 교향곡/ 입맛 따라 넣고 빼고 갖가지 다른 맛/ 투박한 바가지면 한층 더 제격일 터/ 우리네 사는 것도 알고 보면 비빔밥/ 식구끼리 이웃끼리 고운 정 미운 정/ 서로를 비벼대며 한 우리로 살아가네/ 세상살이 고비마다 오르막 내리막/ 매운맛도 쓴 맛도 오솔길의 개울목/ 풍성한 비빔밥의 소중한 양념인걸

– 〈비빔밥〉 전문

이 시는 비빔밥 속에 담겨진 이미지를 시각적, 미각적, 촉각적 공감각으로 형상화시켰다.

우리네 사는 것도 알고 보면 비빔밥/이라는 형형색색의 비유로 희로애락의 삶이 결국 비빔밥처럼 어우러져 살아감을 잘 형상화하고 있다.

고운 일도 궂은일도 닥치기 마련
동행하다 엇갈리면 상처를 주고
오랜 사귐 자국을 피할 수 없네
원한과 앙갚음은 재앙의 사자
아물면 돈독함이 더해지는 법

용서라는 한마디 매듭을 풀면
묵었던 응어리가 녹아내리고
굳었던 얼굴에 웃음꽃 핀다

－〈용서〉 후문

이 시는 혼자 살 수 없는 사회 속에서 일어나는 갈등과 오해, 그리고 이웃과 희로애락을 통해 살아갈 때, 더러는 상처받고 원망하게 되는 공동생활 속에서 화해와 용서, 사랑이 절실함을 보여주고 있다.

지금까지 여러 편 시를 읽으면서, 최 시인의 언어는 맛과 어휘력이 풍부하여 삶 속의 크고 작은 시대적 상황을 꿰뚫어보는 힘이 뛰어남을 보게 된다.

때로는 유머와 위트로, 역설과 아이러니로 다양한 기술을 통해 심층적 감각세계를 넘나들며 시를 재미있게 만든다. 또한 세상의 거짓이나 불의를 못 참는 정신세계는 평소 시인의 진실한 삶이 말해준다.

끝으로 한마디 기대를 건다면 제2시집은 존재론적 소재보다 은유적 언어의 그림으로 집을 세워 햇살로 사철 꽃피는 아름다운 집을 짓는다면 희망찬 朝國, 아침의 나라로 문단에 크게 대성할 것을 확신하며 축하의 박수를 보낸다.